ニャティティの歌
The Songs of Nyatiti

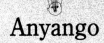

Anyango

学芸みらい社

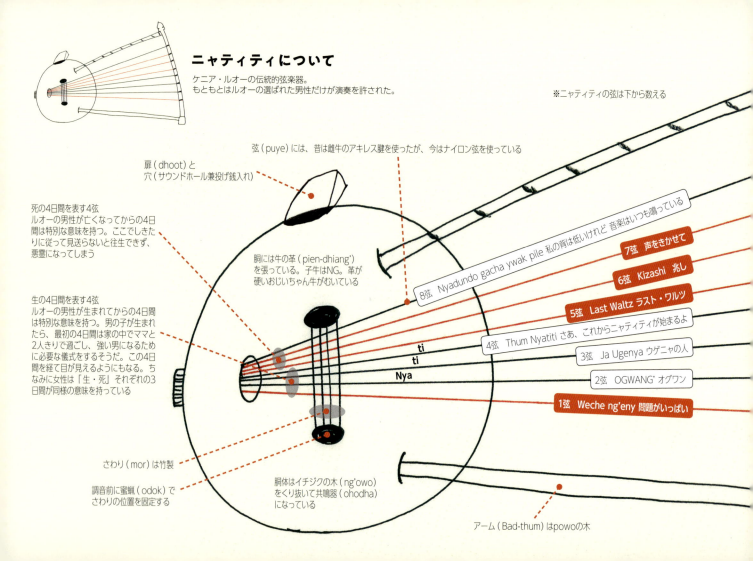

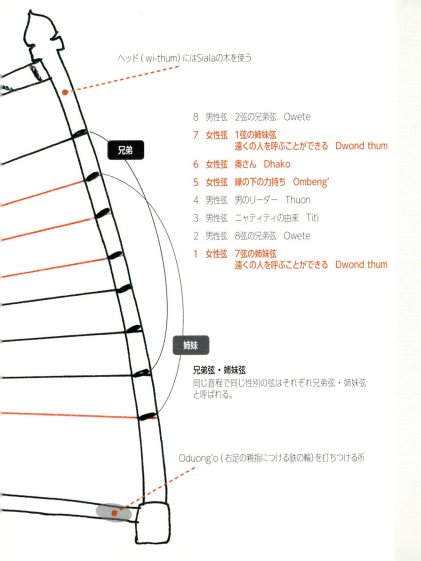

ヘッド (wi-thum) にはSialaの木を使う

8　男性弦　2弦の兄弟弦　Owete
7　女性弦　1弦の姉妹弦
　　　　　遠くの人を呼ぶことができる　Dwond thum
6　女性弦　奥さん　Dhako
5　女性弦　縁の下の力持ち　Ombeng'
4　男性弦　男のリーダー　Thuon
3　男性弦　ニャティティの由来　Titi
2　男性弦　8弦の兄弟弦　Owete
1　女性弦　7弦の姉妹弦
　　　　　遠くの人を呼ぶことができる　Dwond thum

兄弟

姉妹

兄弟弦・姉妹弦
同じ音程で同じ性別の弦はそれぞれ兄弟弦・姉妹弦と呼ばれる。

Oduong'o (右足の親指につける鉄の輪)を打ちつける所

もくじ

モンバサ・ナイト・エクスプレス　　　7

1 弦 Weche ng'eny 問題がいっぱい　　9

2 弦 OGWANG' オグワン　　17

3 弦 Ja Ugenya ウゲニャの人　　25

4 弦 Thum Nyatiti
　　さあ、これからニャティティが始まるよ　　33

5 弦 Last Waltz ラスト・ワルツ　　41

6 弦 Kizashi 兆し　　49

7 弦 声をきかせて　　57

8 弦 Nyadundo gacha ywak pile
　　私の背は低いけれど
　　音楽はいつも鳴っている　　65

あとがき　　76

さあ、ニャティティを弾く時間が来た。
あんたの友達のオチエンを呼んで、演奏を始めてくれ!

Mombasa Night Express 〔詞・曲 Anyango〕

モンバサ・ナイト・エクスプレス

果てなく続く　ガゼルの群れ
4時間遅れの　Mombasa Night Express
ゆるやかに進む　闇の星影
2段ベッドの2等列車　乾いたパンとチャイ　港町へ
孤高の狩人　私の愛した
自由という名の　獲物求め旅立つ　Duniani

聴こえるか　リラ弾きが　奏でる恋のうた
月よ照らすな　風が哀しく　吼えているから

焦げつく太陽　もろこし畑
2人歩いた道　マンゴーの木だけが知ってる
悲しみも笑顔も　置き去りにして
真っ白な歯を見せ笑った　舟に乗りこむ　Duniani

聴こえるか　リラ弾きが　奏でる恋のうた
土埃　かけ抜ける　獣たち
匂い立つ　静けさの　吐息
月よ照らすな　星が哀しく　微笑んでいるから

あなたは知らないだろうけれど　本当の本当は
何にも持たない　偉くもない私が　一番自由さ　Duniani

聴こえるか　リラ弾きが　奏でる恋のうた
土埃　かけ抜ける　獣たち
匂い立つ　静けさの　吐息
月よ照らすな　星が哀しく　微笑んでいるから
月よ照らすな　風が哀しく　吼えているから

1弦　女性弦　遠くの人を呼ぶことができる　DWOND THUM
(ドゥウォンド　トゥム)

 **Weche ng'eny**

問題がいっぱい

Weche ng'eny
〔ルオー伝統曲〕

Weche ng'eny

Anyango kamadonje weche ng'eny
Weche ng'eny weche ng'eny
Nyako kamadonje weche ng'eny
Weche ng'eny weche ng'eny
Chieng' abed nade gi yawa, gi yawa gi yawa

Chieng' adong' Kenya gi ngolo, gi ngolo gi ngolo
Chieng' adong' Uganda gi ngolo, gi ngolo gi ngolo
Chieng' adwog' Tanga gi ngolo, gi ngolo gi ngolo

Nyako gonyo alewo gi ngolo, gi ngolo gi ngolo
Wasungu ne unywolo rayamo, rayamo rayamo
Japan ne unywolo rayamo, rayamo rayamo
Mama ne unywolo ralelo, ralelo ralelo
Baba ne unywolo ralelo, ralelo ralelo

Kenya ka adonjo weche ng'eny
Weche ng'eny weche ng'eny
Uganda ka adonjo weche ng'eny
Weche ng'eny weche ng'eny
Chieng' abed nade gi yawa, gi yawa gi yawa

Anyango we.....
Wend rayamo

(Luo)

ウェイチェ・ンゲイン

アニャンゴが行く所に　たくさん問題があるよ
良いことも　悪いことも
彼女が行く所に　たくさん問題があるよ
良いことも　悪いことも
どうやったらみんなで仲良く暮らせるだろうか

音楽とともにケニアに残ろうか　音楽とともに
音楽とともにウガンダに残ろうか　音楽とともに
音楽とともにタンザニアに帰ろうか　音楽とともに

彼女は去った　音楽だけを携えて
外国人は　とても才能のある　子どもを産んだ
日本人は　とても才能のある　子どもを産んだ
お母さんは　騒々しい女の子を産んだ
お父さんは　騒々しい女の子を産んだ

ケニアに来たら　たくさん問題があるよ
良いことも　悪いことも
ウガンダに来たら　たくさん問題があるよ
良いことも　悪いことも
どうやったらみんなで仲良く暮らせるだろうか

アニャンゴよ
普通ではない　うた

Weche ng'eny

Anyango wherever I go I attract much bliss and much talk
Too much bliss and too much talk
This girl, wherever I enter I attract much bliss and much talk
Too much bliss and too much talk
How should I live among the people?　Among the people I ask

Will I remain in Kenya with the music?　With this Nyatiti music
Will I remain in Uganda with the music?　With this Nyatiti music
Will I return to Tanga with the music?　With this Nyatiti music

The diva has been left with only the music. With the Nyatiti music
The whites bore an extraordinary girl, she is super talented
Japan bore a gifted one, the girl is super talented
Mama you bore a noisy one, the girl is so noisy
Baba you bore a noisy girl, the girl is so noisy

My arrival to Kenya brings much bliss and much talk
Too much bliss and too much talk
When I go to Uganda, I bring much bliss and much talk
Too much bliss and too much talk
How should I live among the people? Among the people I ask

Anyango weee…..
A song for the extraordinary

Weche ng'eny（ウェイチェ・ンゲイン）

　ケニアの音楽著作権協会（MCSK）の会長が不正疑惑をかけられ、逃亡したとのニュースが届いた。ケニアではトップが代われば契約書が無効になる。一瞬、頭の中が真っ白になった。
　　ニャティティは、ケニア西部ヴィクトリア湖周辺に暮らすルオーの人々の伝統楽器である。もともとは、ルオーの選ばれた男性だけが演奏をすることを許された神聖な楽器だった。ニャティティの故郷ケニアでニャティティのCDをリリースする。それは、私が世界初の女性ニャティティ奏者となって以来ずっと思い描き続けてきた夢だった。MCSKとは2年以上かけて、なんとか話をつけ契約書も交わしたばかりだった。CDをプレスする段取りも終わっていた。やっと夢が叶う！　そう思った矢先のことだった。

　ルオー語の"weche"（ウェイチェ）は「話題」、"ng'eny"（ンゲイン）は「たくさんの」という意味。だから、"Weche ng'eny"は直訳すると「話題がいっぱい」になる。しかし、ルオーの人たちは、同じ言葉を二重・三重の意味で使う文化を持っている。「話題がいっぱい」の2つ目の意味は、「問題がいっぱい」。そこからさらに、「どんな状況だったとしても、折り合いをつけてしなやかに逞しく生きて行こう」という意味に転じる。
　ウェイチェ・ンゲイン（問題がいっぱい）だと思いつつも、新しいMCSKの会長と契約書を交わすために、改めて日本とケニアを何回か往復した。ケニアの音楽制作会社やディストリビューター（代理店）とも正式に契約を交わした。ジャケットはケニア人デザイナーがPhotoshopでデザインし、ナイロビの印刷工場で差し込み用のブックレットを作り、現地スタッフが手作業でCDを組み立てた。ちなみに、プレスはタンザニア。サバンナの息吹が入ったベスト盤CDの完成である。

逆輸入の形で日本でもリリース、その名も「Anyango Kenya Best」。ケニアの人気ミュージシャンとのコラボ曲も収録されている。

　ケニアに里帰りすると、幾つものテレビ局やラジオ局から出演依頼が舞い込む。だが、そこはケニア。出演時間が1時間と聞いてTV局に行ったら、3時間半の生放送に変更になったということもよくある。しかも、打ち合わせなしで、英語でニュースを読んで欲しいとのリクエストがあったりもする。ちなみに、ケニアの国語はスワヒリ語で、公用語はスワヒリ語及び英語。スワヒリ語ならば、日本の海外向けスワヒリ語ラジオでパーソナリティもしている位だからなんとかなるが、英語は日常会話より少しできる程度。ところが、生放送の途中に急に振られるから、断るに断り切れない。内心はドキドキしながらも、とびっきりの作り笑い(!?)で、ニュース原稿を読む。
　ナイロビで開催された日本の外務省主催のTICAD（アフリカ開発会議）のレセプションパーティに出演したときのこと。演奏時刻を過ぎているのにスピーカーが届かない。これ以上、観客を待たせるわけにはいかないから、生演奏に切り替えた。結局、スピーカーが到着したのはライブ終了間際。最後の1曲だけマイクを通してニャティティを演奏した。

　だけど、よく考えてみれば人生って、多かれ少なかれウェイチェ・ンゲイン（問題がいっぱい）の連続だと思う。どんな状況だったとしても、折り合いをつけてしなやかに逞しく生きて行こう。

2弦　男性弦　8弦の兄弟　OWETE（オウェテ）

 **OGWANG'**

オグワン

OGWANG'
〔詞・曲　Anyango〕

OGWANG'

Mzee furani Mzee mkubwa
Kale zamani, ametunga utamaduni
Naitwa Kamba Nane

Siku furani alisafiri
Ako na kazi ni kazi gani?
Ni cheza Kamba Nane

Ako Nairobi, naitwa Kariobangi
Watu wowote wakisikia wanachezanga
Sababu Ngoma tamu, ni Kamba Nane

Safari yake ni maisha yake
Safari yako ni maisha yako

旅人は　カンバ・ナネ
その鼓動は　届かぬ夢

Mzee Una kumbuka?
Yule kijana Kutoka Asia
Mlikutana, mwezi kumi na mbili
Mwana wa kumi na tano

Kijana yako, na mi nyar Alego Tukakutana
Baada ya miaka mingi, kama kumi na mbili
Hapa Japani

Tuna Sukuma Utamaduni
Naitwa kamba nane. ni ngoma tamu
Safari yetu tuko njiani

Rafiki yako ni rafiki yangu
Kijana yako ni kaka yangu

オグワン　　　　　　　　　　　　OGWANG'

偉大な長老がいた
かつて　彼は伝統を創った
カンバ・ナネという８弦楽器

ある日　旅に出た
仕事のため　仕事？　そう
カンバ・ナネを奏でるため

ナイロビまで　カリオバンギまで
それを奏でると　男も女も踊り出した
その音色は心を満たし幸せを運んだ
それがカンバ・ナネ

旅は彼の人生
旅こそきみの人生

旅人は　カンバ・ナネ
その鼓動は　届かぬ夢

ところでムゼー　覚えていらっしゃる？
あの青年のこと　東からの旅人を
12月のある晩　2人は出会った
青年はあなたの15番目の息子となった

あなたの息子とアレゴの娘はめぐり会う
長い歳月のあと　12年という刻のあとに
そう　ここ東の果てで

決めたの　カンバ・ナネという宿命を
東の果て　心を満たす音色
旅はまだ　はじまったばかり

あなたの友は　私の友
あなたの兄弟は　私の兄弟

旅人の　カンバ・ナネ
その旋律は　君の夢

幸せを運ぶ　カンバ・ナネ

Once upon a time..... there was a great old man
He made a musical instrument with 8 strings
Called KAMBA NANE

One day, he took a journey
For his mission. His mission?
It was to play KAMBA NANE

Came down to Nairobi slum called Kariobangi
When he played the musical instrument Men and women started to dance
The music and sound filled the hearts of the people with satisfaction and happiness
So, this was KAMBA NANE

Journey, it was his life
Journey, it will be your life, too

旅人は　カンバ・ナネ
その鼓動は　届かぬ夢

Great old man
Do you remember a young traveler from far east?
One evening in December, you met the traveler
And he became your 15th son

And your son and me Alego's daughter met each other
After long years after 12 years
Here in Japan

We are now facing the fate Named KAMBA NANE
Of which the sounds fill the heart of people with joy and satisfaction
Our journey has just begun

Your friend is my friend
Your son is my brother

旅人の　カンバ・ナネ
その旋律は　君の夢

That brings us happiness KAMBA NANE
That fills our heart with joy and satisfaction KAMBA NANE

OGWANG'（オグワン）

　ルオーの村には、ニャティティに関して、こんな言葉がある。"Nyatiti madiere ochodo chuny thum chutho." これは、「もし真ん中の弦が切れたなら音楽も切れてしまうよ」という意味で、一番の低音を出す要の5弦なしでは音楽が成り立たなくなってしまうことを指す。なぜ、ニャティティが「ニャティティ」と呼ばれるようになったかというと、下から2番目、3番目、4番目の弦を弾くと、ルオー語を母語とする人には「ニャ」「ティ」「ティ」と聞こえるからだそうだ。

　ニャティティが現在の形になったのは約200年前とも、300年前ともいわれている。元々は偉大なムゼー（長老）のお葬式のときに演奏された。それが、死者の魂を弔ったり、残された家族をなぐさめたり、医者や祈祷師の代わりに治療としても使われるようになった。今では結婚式や誕生祝いなどお祝いの席でも演奏される。ニャティティ奏者は、その場で起こったいろいろな出来事や、人間模様を即興で歌にする。いいニャティティ弾きのいる村の近くでは子どもがたくさん生まれ、皆が幸せに暮らせるといわれている。

　ルオーの人たちはニャティティをケニアのギターだと自慢する。実際は、アコースティックギターよりも1回りほど小さい。胴体はイチジク（無花果）の木。ケニアではイチジクの木は神聖な木と考えられている。大人が2人がかりでも抱えきれないほどの大木になる。このイチジクの木をくり抜いて牛の革を張る。革は雄の老牛の革がよいとされる。脂が少なく硬くて分厚いからいい音がする。胴体からは2本のアームが伸び、ヘッドの木に弦を巻き付ける。

　弦は8本。昔は雌牛のアキレス腱だったが、今ではマグロでも釣れるようなナイロン製の太い釣り糸を使っている。8本の弦には性別まである。下から数えて1弦と7弦は同じ音で、"Dwond thum"（ドゥオンド・トゥム）という。遠く

の人を呼ぶことができる女性の弦。同じ音程、同じ性別であることから姉妹の弦。2弦と8弦も同じ音で"オウェテ"という。どちらも男性弦で兄弟の弦。3弦は"ティティ"で、ニャティティの由来を表す男性の弦。4弦は"トゥオン"といって、リーダー的存在の男性弦。一番高い音がする。5弦は"オンベング"といって、縁の下の力持ちベース弦。一番低い音がする女性の弦。6弦は"ダーコ"、奥さんという意味の女性の弦。ちなみに3弦と友人同士でもある。

　ビーン・ビーンという渋い音がする秘密は、胴体中央にある"モール"（さわり）である。モールというルオー語には2つの意味がある。1つは「喜び」、もう1つが「さわり」である。何本かの細い竹と小さな板が蜜蝋で留められている。ニャティティのサウンドホールには小さな扉がついている。このサウンドホールは投げ銭入れとしても使われる。その昔、ニャティティ奏者はニャティティの中に着替えを入れ旅をして回ったと聞いたことがある。

　さて、OGWANG'（オグワン）とは、ケニア国内だけでなく、東アフリカ中に名を馳せていた偉大なニャティティ奏者 Ogwang' Lelo Okoth（オグワン・レロ・オコス）のこと。彼の演奏は、伝統楽器の枠を超えて、ケニアのポップミュージックにも大きな影響を与えたという人もいるほどである。

　曲中で何度も繰り返される"Kamba Nane"（カンバ・ナネ）とは、ニャティティの別称。ニャティティが8本の弦からできていることからそう呼ばれる。スワヒリ語で、"カンバ"は「弦」、"ナネ"は「8」を意味する。なお、"カリオバンギ"とは、ナイロビ郊外にあるルオーの人たちが多く暮らすスラムのこと。毎週日曜日になると、人々は安酒を飲みにトタン屋根のバーに集まる。そこで、スラムに暮らすニャティティ奏者は日銭を稼ぐため演奏をくり広げる。

3弦　男性弦　ニャティティの由来　TITI(ティティ)

 **Ja Ugenya**

ウゲニャの人

Ja Ugenya
〔ルオー伝統曲〕

Ja Ugenya

Chalre te.....
Romre te..... jaugenya.....

Otieno kogola kodera, jaugenya
Abingo Jasega, jaugenya
Adeni Jaugunja, jaugenya
Otieno maja Naya, jaugenya
Odipo Kogola Kodera, jaugenya
Otieno onywol gaunda, jaugenya
Abingo onywol gadero, jaugenya

Abingo eee oti' Uganda, otiyo kotang'
Jasega otiyo Uganda, otiyo kotang'
Janaya otiyo Uganda, otiyo kotang'
Abingo tiyo Palaku, otiyo kotang'
Otieno tiyo Uganda, otiyo kotang'

Amin onego j'otieko, nedo nege
Mobutu onego j'otieko, nedo nege

Chalre te.....
Romre te..... Jaugenya.....

Chalre te
Katimeo, chalre te
Katidhier, chalre te
Katiriek, chalre te
Katifuwo, chalre te
Abingo ma Jaugenya

(Luo)

ジャ・ウゲニャ	**Ja Ugenya**

ジャ・ウゲニャ

たいした違いはない
みんな満ち足りている　大地に生きる我ら

オゴラ・コデラの息子オティエノ　ウゲニャの人
セガからきたアビンゴ　ウゲニャの人
ウグンジャからきたアデニ　ウゲニャの人
マヤからきたオティエノ　ウゲニャの人
オゴラ・コデラの息子オディポ　ウゲニャの人
アウンダの息子オティエノ　ウゲニャの人
アデロの息子アビンゴ　ウゲニャの人

アビンゴはウガンダで仕事する　気を張りながら
セガの人はウガンダで仕事する　気を張りながら
ナヤの人はウガンダで仕事する　気を張りながら
アビンゴはパラクで仕事する　気を張りながら
オティエノはウガンダで仕事する　気を張りながら

大勢を殺したアミン　あげくに彼も殺された
大勢を殺したモブツ　しまいに彼も殺された

たいした違いはない
みんな満ち足りている　大地に生きる我ら

たいした違いはない
あなたがたとえ大金持ちでも　たいした違いはない
あなたがたとえ貧乏でも　たいした違いはない
あなたがたとえ賢い人でも　たいした違いはない
あなたがたとえ愚か者でも　たいした違いはない
アビンゴ　大地に生きる我ら

Ja Ugenya

Nothing is new on earth
Nothing is so special under the sun..... people of this world

Otieno son of Ogola grandchild of Odera is an Ugenya clansman
Abingo from Sega is an Ugenya clansman
Adeni from Ugunja is an Ugenya clansman
Otieno from Naya is an Ugenya clansman
Odipo son of Ogola and grandchild of Odera is a citizen of this world
Otieno born by Aunda, is an Ugenya clansman
Abingo born by Adero is an Ugenya clansman

Abingo ee working in Uganda, always worked skillfully
A Sega clansman working in Ugand,a always worked carefully
A Naya clansman working in Uganda, always worked skillfully
Abingo working in Palaku, always worked carefully
Otieno working in Uganda, always worked skillfully

Political differences (Amin) might have killed him
Political differences (Mobutu) might have killed him

Nothing is new on earth
Nothing is so special under the sun..... people of this world

Nothing is new on earth
Even if you are rich, nothing is new
Even if you are poor, nothing is new
Even if you are clever, nothing is new
Even if you are foolish, nothing is new
Abingo ..... people of this world

Ja Ugenya（ジャ・ウゲニャ）

　私のニャティティの師匠の名前は、オクム・オレンゴという。英語ではOkumu Orengoだが、ルオー語では Okumu K'orengoと表記される。これは、Okumu Ka Orengo の短縮形で、オレンゴの息子のオクムという意味だ。オクムは名人中の名人だった。オクムの訃報は、ケニアの新聞の1面に大きく掲載された。

　彼が暮らしていたアレゴ村は、ケニアの首都ナイロビからバスと徒歩で半日以上もかかるケニア西部のヴィクトリア湖畔にあった。覚えたばかりのルオー語で弟子入りをお願いするも、即座に断られた。それでも食いさがる私が、「そこまでいうのなら、この村に住むことは認めよう」「ただし、あなたにニャティティを教えるかどうかは、あなたが正しい心の持ち主かどうかを見極めてからだ」といってもらえたのは、通い続けて4日目のことだった。

　朝はニワトリの鳴き声と共に起床。片道30分かけて水汲み、薪拾い、ママの手伝い、畑仕事、その合間にニャティティの自主練習。電気も水道もない村での生活が始まった。

　村に住み込んで、2ヵ月半。オクムが私に初めて教えてくれたのが、この"Ja Ugenya"という歌だった。ニャティティは、ヴォーカルとストリングスとパーカッションを一人で同時に奏でる楽器である。右足首にはガラと呼ばれる鉄の鈴、右足の親指にはオドゥオンゴと呼ばれる鉄の輪をつけ、地面に置いたニャティティのアームに打ちつけてリズムを刻む。オクムは手取り足取り教えるようなことはしない。凄まじい速さで、実際にニャティティを弾いてみせ、「やってみなさい」というだけだ。

　初めて聴くルオー語の歌を覚えるだけでも大変なのに、ニャティティとガラとオドゥオンゴも同時にしなさいという。

200パーセント集中してもついていけない。それでも、やるしかなかった。「できません」とでもいおうものなら、「帰りなさい」といわれるのは分かっていた。
　"Ja"（ジャ）とは「〜の人、〜の男の人」、"Ugenya"（ウゲニャ）は地名。"Ja Ugenya"は、直訳すると「ウゲニャ出身の人」となるが、この歌では「大地に生きる民」というような意味で使われている。"Chalre te"（チャラレ・テ）は、「みんな似かよっている」「たいした違いではない」という意味である。"Amin"（アミン）と"Mobutu"（モブツ）はウガンダとザイールの悪名高き元大統領。2人とも最後には自らに災いが返ってきた。この歌には、互いを尊重し合いながら、自然の恵みに感謝して生きようというメッセージが込められている。

　桜の花が終わる頃になると、毎年、国際電話がかかってくる。師匠の長男からだ。ンゴンベという。彼は今もアレゴ村に住んでいる。「アニャンゴ、イディナーデ？（ルオー語で、元気かい？）　こっちは雨が降り始めたよ！」と嬉しそうな声。雨季が来たということを誰よりも先に私に伝えたかったという。
　TVの正月特番撮影のため、ケニアでストリートライブをした時にも、ンゴンベは応援に来てくれた。ライブは大盛況。演奏の後、ンゴンベがいった。「今朝、夢に父さんが現れた。今もここにいる」という。ビックリした。というのも、ライブの最中、私もオクム師匠のスピリットを感じながら、演奏をしていたのだ。
　ちなみに、ンゴンベとはスワヒリ語で「牛」という意味。自分にとって一番大切なものの名前を子どもにつけることもケニアではよくある。彼は今、父の跡を継いでニャティティ奏者として修業を始めた。

4弦　男性弦　男のリーダー　THUON（トゥオン）

 **Thum Nyatiti**

さあ、これからニャティティが始まるよ

Thum Nyatiti
〔ルオー伝統曲〕

An Anyango nyar Alego Karapul
Guok yombo jadwar
E kudho to oonge akala

Kanyo onego opak Anyango nyar Alego
Ma lego dhiang kar bedo Mana ka muofu
Ma ok nyal neno ng'ato, to twete ok nyal
Bayo mandas maduong'

(Luo)

トゥム・ニャティティ

私はアニャンゴ　アレゴカラプールから来た娘
まるで猟犬のよう
靴もはかずにトゲだらけの茨の道を　ハンターよりも速く走る

座ったままで牛を操ることができるアレゴから来た娘
アニャンゴを褒め称えよう
盲目の人は誰も見ることができないとしても
その手はプレートにある一番大きいマンダジを間違えることはない

※マンダジ　ケニアの揚げパン

Thum Nyatiti

Am Anyango from Alego Karapul
Am as skilled as a hunting dog
That runs faster than the hunter on thorny grounds without any footwear

It is worthy to praise Anyango from Alego
Who is able to turn a cow's direction while seated
Just like a talented blind person is unable to see anyone
But can choose the biggest doughnut, is my skill on the Nyatiti

Thum Nyatiti（トゥム・ニャティティ）

　ニャティティの伝統的な奏法では、さらにその場を盛り上げるために、観客がノッてきたところでわざと演奏を中断したり、また少し演奏しては中断し、観客をじりじりさせたりする。ニャティティ奏者は演奏家であると同時に演出家でもある。また、歌詞もその場に応じて変化させる。ニャティティの伝統曲は、同じ奏者であっても演奏する場所や時間、観客によって歌詞が変幻自在に変わる。私が演奏するニャティティの伝統曲も、歌詞はオクム師匠が私のためにアレンジしてくれたオリジナルである。

　ほとんどのニャティティ奏者が最初に演奏するのが"Thum Nyatiti"（トゥム・ニャティティ）だ。"Thum"（トゥム）は音楽、「さあこれから、ニャティティの演奏を始めますよ」という挨拶がわりの曲である。
　34ページのトゥム・ニャティティをご覧いただきたい。ハンターよりも速く走るだの、座ったままで牛を操るだのと歌っているけれど、詰まるところ「それほどまでに、私のニャティティのスキルは高い」という意味だ。ニャティティ奏者は、演奏中リズムに乗せて、奏者自身がいかに熟練した技術を持っているかを比喩を用いて大げさに自慢したり、特定の人をこれでもかとおだて上げたりする。敢えてストレートにいわずに、ユーモアを交えて、独特のレトリックを駆使して表現する。これが"Pakruok"（パクルオック）というルオー民族固有の文化である。
　私が歌う伝統曲にも、パクルオックが随所にちりばめられている。ニャティティを習いたての頃は、ルオー語の歌詞の裏の意味まで考えるゆとりはなかった。今、改めて考えると、師匠から授かった詞とはいえ、日本人の感覚だと「こ

んなことをお客さんの前で、自分で歌っちゃっていいの?」みたいな内容も結構あったりする。この本でもパクルオックがちりばめられているので、探していただければと思う。

　パクルオックは、自己紹介やちょっとしたスピーチなどでも見ることができる。冠婚葬祭などのときルオーの村では、スピーチが1つ終わるたびに周りの人はハランベー(寄付金)を鍋や桶に入れる。みなを唸らせ、場を盛り上げたスピーチには、多めにハランベーをする。誰かのスピーチの最中に「待った待った待った! その件について、私も一言、物申したい!」と、まるで演劇のように大げさに見得を切って割り込んで、自分のパクルオックを披露し、さらに場を沸かせていくのもルオーの伝統芸だ。

　オクムの訃報を知ったのは大晦日の前日だった。泣きながら渡航の準備をし、飛行機を乗り継いでアレゴ村に向かう。着いたその日が、ちょうどオクムのお通夜。次々と人が集まって来ていた。
　オクムの魂が安らかに天に召されますようにと、ルオー語でスピーチをし、師匠のニャティティを使って演奏した。来賓のムゼーたちや近隣の村々から来てくれた弔問客も大喜びで、おかげでたくさんハランベーが集まった。当代随一のニャティティ名人といっても、残された家族が経済的に豊かというわけではない。そのハランベーで棺を買い、遺体安置所の支払いも済ませ、滞りなく葬儀を終えた。

5弦　女性弦　縁の下の力持ち　OMBENG'（オンベング）

 **Last Waltz**

ラスト　ワルツ

Last Waltz
〔詞・曲 Anyango〕

ラスト・ワルツ

揺れる眼差し　汗ばむドレス
サイザルの黄　ヤシ酒匂うと
はじまるワルツ

翡翠のピアス　聖母の笑顔
苦いハーブ　踊り子の瞳
輪を抜け出そう

グラスをもって　ふたり腰かけ
たき木が燃える　空気の音をきこう
そのぬくもりは　ひとときの夢
あの日のお祝いの　つづきをしよう

回るよ廻るよ　あなたの手をとり
15歳に戻った　この胸高鳴る
しずかにしずかに　愛は燃えあがり
ふたりで今だけ　このまま踊ろう

熟れた果実は　バニラの薫り
紅く染まる　湖畔の竹笛
震える心

ローリエの月　バオバブの夢
遠いあの日　捨てたはずの恋
夜ごと疼いて

青い夜抜け出し　どこまでも歩こう
何もかも忘れて　あなたとただふたり
どこまでも歩こう
あなたとただふたり

Last Waltz（ラスト・ワルツ）

　ケニア沿岸部にあるモンバサは、かつてアラブ人との交易で栄えた都市で、今もイスラム教徒が多く住む。蒸し暑く湿った空気、モスクからはアザーン（礼拝への呼びかけ）が流れ、異国情緒にあふれている。街角の小さなコーヒースタンドで流れているのは、チャカチャと呼ばれるゆったりとした8分の6拍子の音楽だ。そのリズムからインスピレーションを得て創ったのが、このラスト・ワルツである。

　初めてケニアに渡ったのは2004年。訪れたのは海岸地方モンバサから、さらに車で数時間の所にあるギリアマの人たちが暮らす村だった。帰り際、村の人たちが親切にバス停まで送ってくれた。ところが、身を焦がすような太陽の下、何時間経ってもバスは来ない。「バスはまだかな？」「もうすぐだよ」「まだかな？」「もうすぐだよ」。何回、そんなやりとりを繰り返しただろう。「バスが来る！」。突然、男の子が嬉しそうに叫んだ。だが、地平線の遥か彼方までそれらしいものは見えない。それから、待つこと十数分。本当にバスがやってきた。

　ニャティティにはギターやヴァイオリンのようなペグ（糸巻き）はついておらず、ヘッドに弦を直接巻いてチューニングする。とにかく大変なのが、この弦の張り替え作業である。凄まじい力仕事なのだ。男の楽器というのも頷ける。
　まず、半分に裂いてあるトウ（籐）を1日風呂場で水につけて柔らかくし、さらに半分（つまり4分の1）に裂き、太さと長さを8本同じように揃えて、ひねりながら編み込んでいく。その先に、細いナイロンの紐（ナイロン製の漁網をほぐして使う）をつなぎ、さらにその先に弦を結ぶ。ニャティティの弦は8本あるから、この作業を8回繰り返すことになる。

オクムはチューニングだけで、4時間もかけていた。実際にやってみると、いかに彼が演奏だけでなくニャティティの調律においても達人だったかがよく分かる。神業といってもいい。チューニングしやすいようにとトウを緩めに巻けば、形が崩れ、形を整えようとトウをキツく巻けば、今度はチューニングのとき、手の皮が引き千切れるほど固くなって泣けそうになる。
　日本でも工芸用の東アジア産のトウは手に入る。けれども、太さとか材質がほんの少し違うだけで音が変わってくるので、アレゴ村に帰ったときに、ンゴンベからトウを大量にもらってきた。ニャティティは、それほど繊細な楽器なのだ。

「ホールで演奏するときは、小さいカーペットを敷くとよい。ニャティティと地面の接地部分のカーペットに少し水を垂らすと滑らなくなる」
「外で演奏しているとき、雨が降ってきたら、ビニール袋でヘッドの部分を覆いなさい」
「別の村の男たちがアレゴ村へやってきたときは、私が握手する人とだけ握手しなさい」（これは妬み嫉みからくる呪いへの予防策である）
「この楽器があなたを守り、この楽器があなたを導き、この楽器があなたをいろいろな場所へ連れて行くだろう。恐れることなく、羽ばたいて行きなさい」……。
　オクム師匠には、まだまだ教えて欲しいことがいっぱいあった。

6弦　女性弦　奥さん　DHAKO
ダーコ

 **Kizashi**

兆し

Kizashi
〔詞・曲 Anyango〕

Kizashi

Mvua, mvua, mvua inanyesha
Manyu manyu ..... manyunyu tu

Dalili lili ya mvua ni mawingu
Chururu ruru si ndo! ndo! ndo

Tone na tone hujaza ndoo
Wawili wili si mmoja

Bora, bora kuliko mali
Dalili lili kupendana

Aa..... aheri
Aa..... ahinya
Aa..... aromo
An kodi

Msafiri anasafiri
Msafiri amejiona
Msafiri anasafiri
Msafiri amejiona

Riziki riziki katoa Mungu
Acheni acheni majungu

(Swahili)

兆し

雨が　降りはじめる
小雨の　におい

兆し　それは雲
細く　流れゆく

一滴一滴が　器を満たす
二人であること　一人ではなく

どんな財産よりも　願っていた
愛で充ちるという　兆しを

あなたを　愛する
こころの　奥から
いま私は　充ちる
あなたと　共に

旅人は　世界の果てで
自分自身に　出会った
旅人は　世界中を回り
自分自身を　見つけた

運命それは　神が定めるもの
あらがわず　身をゆだねよう

Kizashi

The rain, the rain, rainfall is showering down
Showering down, showering down just in tiny torrents

Dark heavy clouds are the signs of a downpour
And flowing water is different from dripping one

A droplet plus a droplet fills the bucket
And two, two are better than one

Far better than the wealth of this world
A sign of love

Aa….. I love you
Aa….. so so much
Aa….. and it makes me relaxed
Am at peace with you

A traveler is touring
And the traveler has seen himself
The tourist is travelling
So he has discovered himself

My blessing has come from God
I'll not resist destiny and devote myself. Stop rumor mongering

Kizashi

　ケニア音楽に夢中になり始めた頃、手に入れられる限りのアフリカ関連の本を読みあさった。ケニアの伝統楽器について書かれていた1冊の中に、8人の偉大なニャティティ奏者の名が記されていた。
　今でこそ、ケニアではニャティティが一大ブームで、YouTubeで検索すると何十もの映像を見つけることができるけれども、その当時は、ニャティティに限らずケニアの伝統楽器は忘れられかけた存在だった。実際、ニャティティ奏者というだけでは生活できなかった。
　私がケニアに渡ってニャティティの修業をしようと覚悟を決めたとき、8人の内4人はすでに他界していたし、1人は行方不明だった。残った3人のうちの1人はニャティティを弾くことさえ止めて全く別の仕事をしていた。もう1人の名人はクリスチャンに改宗し、教会でイエス・キリストの歌をニャティティで奏でていた。唯一、昔ながらのニャティティの伝統奏法を守り続けていたのが、チャールス・オクム・オレンゴだった。そう、私の師匠である。

　オクム師匠の奥さんのことを、私やオクムの家族はママ・アウマと呼んでいた。彼女の本当の名前は、"Auma Gaudensha"（アウマ・ガウデンシャ）という。私の6枚目のアルバム「Savanna」に収められている"Gaudensha"という曲は、ママ・アウマを称えた曲である。
　アレゴ村で暮らしていた頃、毎朝の水汲みと薪拾いは私の仕事だった。ある日、薪拾いからの帰り道、道ばたに怪我した小鳥を発見した。「かわいそうに」と思って、そっと手にとり連れ帰った。ママにそのことを伝えると満面の笑みで

「ありがとう」という。何がありがとうなのか、そのときは不思議に思ったけれど、後で納得した。その小鳥はその日の夕飯となって食卓に並んでいた。

　別の日の朝のこと、村に1匹のハイエナが紛れ込んできた。ママはとっさに「ウォンウォンウォ〜ン」と人間とは思えないような声を発し、ハイエナを追っ払ってしまった。いつもは優しくて温厚そうなママだけど、こんなにも逞しいのかと驚いてしまった。

　村に住むルオーの男の子は17歳くらいになると父親の指示で外に家を造って、畑を開墾して本格的に独立する。そのとき、父親は独立する息子に斧と雄鶏を贈る。斧は、自分の畑を持ちなさいという意味で、雄鶏は朝きちんと起きて働きなさいという時計の意味だそうだ。人生に遅れないようにという意味もある。

　オクム師匠の次男の名はオチエンという。末っ子である。私がアレゴ村で修業していたとき彼はまだ中学生だった。その彼も今や1児の父。ナイロビに出て大工の修業をし、自分の店を構えるまでになった。

　そのお祝いの会を私が泊まっていたナイロビのホテルのレストランでしたのだが、何年かぶりに会う彼は昔とちっとも変わっていなかった。ママ・アウマにそっくりの笑顔。「子どもが生まれたんだって、おめでとう。それで、子どもの名前は？」と聞くと、少し照れながら「……アニャンゴ」だと教えてくれた。

7弦　女性弦　遠くの人を呼ぶことができる　DWOND THUM
　　　　　　　　　　　　　　　　　　　　　　　　ドゥウォンド　トゥム

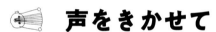 声をきかせて

声をきかせて
〔詞・曲　Anyango〕

声をきかせて

声をきかせて　歌をきかせて
夢をきかせて　声をきかせて　あなたの声を
声をきかせて　ささやくように　歌をきかせて　いつかきいた
夢をきかせて　そうあの夢　声をきかせて　想い出の人
声をきかせて　愛する人の　歌をきかせて　僕はここに
夢をきかせて　名前を呼ぶ　声をきかせて　聞こえてくるよ

Ye yo e ye yo e
Ye yo e ye yo e

声をきかせて　今その声　歌をきかせて　そうあの歌
夢をきかせて　あの日の様に　声をきかせて　届けてほしい
あなたの声を　あなたの歌を　あなたの夢を　きかせて
ささやく声を　ささやく歌を　ささやく夢を　きかせて
みんなの声を　みんなの歌を　みんなの夢を　きかせて
大きな声を　大きな歌を　大きな夢を　きかせて
地球はまわる　旅はじまる　雨上がりに　光る出会い
春の匂い　朝の讃の　中に立って　あなたを呼ぶ

声をきかせて　Ye yo e　歌をきかせて　Ye yo e
夢をきかせて　Ye yo e　声をきかせて　Ye yo e

声をきかせて　その優しい　歌をきかせて　今歌うよ
夢をきかせて　もっと素直に　声をきかせて　きこえてくるよ

声をきかせて　明日は来る　Ye yo e
歌をきかせて　懐かしいね　Ye yo e
溢れる夢　Ye yo e　眠れない夜　Ye yo e
そっと触れて　Ye yo e　誰も同じ　Ye yo e

夢をきかせて　強くなれる
声をきかせて　その手伸ばして
声をきかせて　あなたの声、歌をきかせて　あなたの歌
夢をきかせて　あなたの夢　声をきかせて　あなたの声を

声をきかせて

　私の祖父は源吉という。元々は、印刷所の職人だったのだが、趣味が高じて江戸芸「かっぽれ」の豊年斎梅坊主(ほうねんさいうめぼうず)の弟子になった人である。
　祖父は父が中学生のときに他界したので、私は祖父を知らない。それでも、江戸芸かっぽれ家元、櫻川ぴん助さんの先代と祖父が兄弟弟子だったというご縁で、私も「かっぽれ」を教えていただくことになった。
　日本の江戸芸かっぽれとケニアのニャティティとでは、当然のことながら歴史的背景も民族の文化も全く違う。ところが、伝統的な型がありつつも、最終的には即興で型をくずしてパフォーマンスしていくところや、シリアスな歌かと思いきや、時折おどけたりふざけたりして場を沸かせていくところなど、共通点がたくさんあるのには驚いた。

　アフリカでは、時間どおりに物事が進まない。そんなことには慣れているはずの私も、ウガンダでのツアーのときは、さすがにどうなることかと冷や冷やした。
　リハーサル時間どころか、フェスの開始時刻を過ぎているにもかかわらず、「ステージを組み立てているから、ホテルで待っていて欲しい」との電話。結局この日は、予定していた公演がすべて中止となった。私のステージは音楽フェスティバルの最終日の最後なのだが、この分だとフェスそのものの開催も危うい。
　翌朝、主催者から再び電話。「アニャンゴ。もうしばらくホテルで待機していてくれ。今、フェスの会場から、モンキーを追い出しているところだ」。猿を追い出してから音楽フェスが始まるというところが、何ともアフリカ的。

会場準備ができたとの連絡で、早速リハーサルに出かける。ところが、今度はギターアンプもベースアンプもモニターも使えないという。使えない機材がどうしてステージに置いてあるんだろうか。聞けば電源コードが到着するまで、さらに半日かかるとか。アンプと電源コードを別々に運搬するというのも日本ではちょっと考えられないけれど、これもアフリカ的か。それでも、何とか音響用の回線は４本使えるらしい。ちなみに、日本のライブでは16回線以上使っている。

　結局、１日半遅れの開始だったが、私とバンドメンバーがステージに登場するとボルテージは最高潮。バッタの唐揚げをビールのつまみにしながら、「アニャンゴ、KAWAI〜！」と日本語で応援してくれている現地の人もいる。

　真夜中で、しかも、照明はステージを照らす１灯だけだから、客席は全く見えない。だけども、アニャンゴがウガンダにやって来るということで、国境を越えて集まってくれたファンも大勢いる。与えられた状況の中で最善を尽くすしかない。暗闇に向かって、力いっぱいの演奏をする。

8弦　男性弦　2弦の兄弟　OWETE(オウェテ)

 **Nyadundo gacha ywak pile**

私の背は低いけれど　音楽はいつも鳴っている

Nyadundo gacha ywak pile 〔ルオー伝統曲〕

Nyadundo gacha ywak pile

Nyadundo gacha ywak pile
Nyadundo gacha ywak pile

Anyango marauma
Tho! Anyango marauma
Jougenya dwa' neno
Yawuot Yimbo dwa' neno
Yawuot Denge dwa' neno
Yawuot Seme dwa' neno

Tho! Anyango marauma
Tho! Anyango marauma

Nyadundo gacha ywak pile
Nyadundo gacha ywak pile

Jo Nairobi dwa' neno
Jo Malawi dwa' neno
Jo Wahindi dwa' neno
Jo America dwa' neno
Jowuot Congo dwa' neno
Jowuot Uganda dwa neno
Jowuot Tanga dwa neno

Mae Anyango marauma
Mae Anyango marauma

Ndege oringo ikor muya
Ndege oringo ikor muya

Nyadundo gacha ywak pile
Nyadundo gacha ywak pile

(Luo)

ニャドゥンド・ガッチャ・ユワク・ピレ

私の背は低いけれど
音楽はいつも　鳴っている

アニャンゴは　皆に知られている
そう！　輝くアニャンゴ
ウゲニャの人たちは　会いたがってる
インボの若者たちも　会いたがってる
デンゲの若者たちも　会いたがってる
セメの若者たちも　会いたがってる

輝くアニャンゴ！
輝くアニャンゴ！

私の背は低いけれど
音楽はいつも　鳴っている

ナイロビの人たちは　会いたがってる
マラウィの人たちは　会いたがってる
インドの人たちは　会いたがってる
アメリカ人たちは　会いたがってる
コンゴの若者たちは　会いたがってる
ウガンダの若者たちは　会いたがってる
タンザニアの若者は　会いたがってる

ここにいる　輝くアニャンゴ
そう彼女自身

飛行機は　空を飛んだ
飛行機は　私とニャティティを　乗せて飛んだ

私の背は低いけれど
音楽はいつも　鳴っている

Nyadundo gacha ywak pile

Am simple and my instrument plays daily
My music plays daily

Anyango herself
Tho! Anyango herself
People from Ugenya wants to see her
Young men form Yimbo would like to see her
Handsome men from Denge would like to meet her
Men from Seme also would like to talk to her

Tho! Anyango herself
Tho! Anyango herself

Am simple and my instrument (Nyatiti) plays daily
My music plays daily

Nairobians would like to see her
Malawi citizens would like to speak to her
Indians want to see her
American would love to hear her
People from Congo want to meet her
Ugandans want her there
Young men from Tanga want to see her

This is Anyango herself
This is Anyango herself

The plane flew across the sky
And it flew across the sky

Am simple and my instrument plays daily
My music plays daily

Nyadundo gacha ywak pile（ニャドゥンド・ガッチャ・ユワク・ピレ）

　ヴィクトリア湖畔にあるキスムの安ホテルに泊まったある夜のこと。真夜中に暑苦しくて目覚めると、窓際のカーテンで何かが蠢いている気配がする。翌朝、友人に伝えると、
「アニャンゴ、それはペポ（精霊）よ。ペポは水辺に集まる。ヴィクトリア湖は大きな湖だから様々なペポがやってくる。人に憑けないペポは身体を探しているの」
と彼女は教えてくれた。例えば、オクム師匠の家族やアレゴ村の人たちのように、伝統的な価値観の中で生活するルオーの人たちは、このペポの存在を強く信じている。
「ペポというのは先祖からのスピリットで、ルオー人は誰もが自分のペポを持っている。目には見えない存在。ペポがその人の身体を使っているとき、その先祖とそっくりの行動をすることがある。その人がペポの存在に気づきうまくコントロールできたなら、ペポはその人の守り神になってくれるのよ」とその友人はいった。
　1人の人間に同時に2つのペポが入ることはできない。通常、男の人には男のペポ、女の人には女のペポが憑く。ルオーの男性の名前は「オ」から、女性は「ア」から始まる。"Anyango"（アニャンゴ）というのは、師匠から授かった名前で、ルオー語で「午前中に生まれた女の子」という意味。「午前中に生まれた男の子」だと、"Onyango"（オニャンゴ）になる。けれどもごく希に、男に女の、女に男のペポが憑くこともある。そんなときは、男の子でもアニャンゴと名付けられることがある。
　誰かの呪いで、悪いペポが入ってくるときは、ペポ同士で争いが起こるという。悪いペポが勝つと精神がおかしくなったりすることがある。ナイロビに住んでいたときのこと。ある日突然、人格が変わってしまった知人がいたので驚いて

尋ねると、別の友人が「ペポのせいさ」と平然と教えてくれた。ルオーの人たちは、悪いペポをすごく怖がる。

　さて、"nyadundo"（ニャドゥンド）とは直訳すると「背の低い人」となるが、ここでは、「社会的な地位が低い」という意味で使われている。"gacha"（ガッチャ）は「私の車」のことで、「私の音楽」「私の楽器」の隠喩として使われている。"ywak"（ユワク）は「鳴る」、"pile"（ピレ）は「毎日」の意味。"ニャドゥンド・ガッチャ・ユワク・ピレ"で、「私の社会的な地位は低くとも、私のニャティティは毎日気高く鳴っている」という意味になる。
　故オクム・オレンゴがあまりにも偉大なニャティティ奏者だったので、私自身も無自覚だったのだけれど、ニャティティに限らず伝統楽器の演奏家は、社会的な地位や身分の低い存在だった。実際、私にニャティティを最初に教えてくれた先生が、ナイロビのバーで酔っ払い客に酒をひっ掛けられたところを見たことがある。
　"Tho! Anyango marauma"は英語に翻訳すると、"Am Beautiful"とか"Anyango is great"だが、いくらルオーにパクルオック文化があるといっても自画自賛が過ぎる。かといって、私のためにオクム師匠が創ってくれた歌詞を変えることはできない。そこで、英訳では"Anyango herself"にしてみた。

　キスム国際空港で会った女の子ナーディア。ニャティティを見つけて、「この楽器、私も欲しい」。小さなプリンセスの未来に幸あれ！

Wanere kendo

p6 ケニア・マサイマラ この白いニャティティはオクム師匠の形見。

p7 ケニア・マサイマラ 沈む夕陽、地平線にヌーの群れが見える。モンバサ・ナイト・エクスプレスはこのフォト・エッセイ集のために書き下ろした楽曲で、CDには未収録。

p8 フランス・パリの下町 友人で新進気鋭の写真家のEmilie Moyssonとのフォトセッション。

p10・11 ケニア・ヴィクトリア湖畔のホマベイでの国連主催のStop・エイズコンサート(2007年)に出演。Anyangoを観たいと5万人近い観客が集まった。

p23 ケニア・マサイマラ 山羊の放牧をするマサイの若者。彼らのコミュニケーションツールは、携帯電話。

p24 ケニア・シアヤ アニャンゴのストリートライブで、オクム師匠の息子のンゴンベや師匠のクワイヤーだったオチエルがバックコーラスをしてくれた。

p26・27 ケニア・ルオーランドの遠景 ルオーランドは、ケニア西部ヴィクトリア湖畔に広がる豊かな大地である。このルオーランドにあるアレゴ村に単身住み込んで、のべ2年間ニャティティの修業をした。

p30・31 ケニア・アレゴ村 刈り取った牧草を自転車に積み込むアレゴ村の人たち。私を見つけて、「やあ、アニャンゴ!」「お帰り、アニャンゴ!」と陽気に声をかけてくれた。

p42・43 ケニア・アレゴ村 アレゴ村の夜。赤道直下にあるけれど、標高が2000メートル近いので夏も思ったより涼しい。雨季には蛍が乱舞する。

p46・47 ケニア・ナイロビ 私がニャティティの修業をしていた頃のナイロビタウン。仕事を終えたワーカーたちが家路を急ぐ。最近は近代的なビルが建ち並ぶ。

p48 フランス・パリ Emilie Moyssonとのフォトセッション。

ニャティティを巡る追憶

p58 ケニア・キスム郊外 キスム国際空港からサファリカーに乗り換えてアレゴ村に向かう。赤道を越える。土産屋でヒョウタンの水入れを売っていた。お店のトイレは日本と違って有料。

p59 ケニア・アレゴ村 オクム師匠の奥さんのママ・アウマと長男のンゴンベ、彼の娘、三世代。

p62・63 ケニア・ナイロビ ナイロビのクラブ「アルケミスト」にて演奏するアニャンゴとメンバー(2016年)。

p64 ミャンマー・バガン 遺跡が延々と続く。日本とミャンマーの外交関係樹立60年記念式典でニャティティの演奏をした。

p14・15　ケニア・ナイロビ　2016年のアニャンゴ・アフリカツアーの陽気なメンバーたち。この後、バックヴォーカルのリディアはジンバブエのオリバー・ムトゥクジとのツアーへ。ベース・ドラム・シンセのリッキーたちは大統領府での演奏へ、パーカッションのカシバはナイルプロジェクトツアーのためエジプトへ向かった。

p16　ケニア・アレゴ村　写真中央のムゼーがニャティティ界の至宝、故オクム・オレンゴ。私の師匠。突然始まった夜の演奏会の1コマ。

p18・19　ケニア・マサイマラ　5枚目のアルバム「Kilimanjaro」のPV撮影のために小型飛行機とサファリカーを乗り継いで行った。アカシアの木が風で揺れていた。

p22　ケニア・マサイマラ　PV撮影の合間にヌーが一頭やってきた。「お前は誰だ?」「えっ、私? アニャンゴよ!」

p32　ケニア・アレゴ村　師匠の形見の真っ白なニャティティをチューニングしてくれるンゴンベ。彼は今、父オクム・オレンゴの跡を継いで、ニャティティ奏者になる修業を始めた。

p34　ケニア・アレゴ村　伝統的なルオー民族の家。土と牛の糞でできた壁、藁葺きの屋根。

p35　ケニア・アレゴ村　村の朝は早い。ニワトリの鳴き声で始まる。

p38・39　ケニア・ナイロビ　GoDown Arts Centreは、若手の芸術家が集まり活気に満ちている。私のアルバム「Kenya Best」の何曲もここの一角のスタジオで現地のミュージシャンと共にレコーディングした。

p40　フランス・パリ　撮影はEmilie Moysson。

p50・51　ケニア・マサイマラ　雨上がりの水たまり。雲の切れ間から陽が射し込む。

p54　ケニア・キスム　バケツの水をひっくり返したような激しいスコールが突然やってきたかと思えば、数時間後にはカラリと晴れ上がる。

p55　東京　5枚目のアルバム「Kilimanjaro」リリース記念ライブからの1コマ。ゲストにヴァイオリニスト・金子飛鳥、ベーシスト・塩田哲嗣を迎えたプレミアム・ライブを開催。

p56　ケニア・ナイロビ　ナイロビのスラム、カリオバンギでニャティティの演奏をするアニャンゴ。たくさんの子どもたちが集まってきた(2005年)。

p66・67　ケニア・マサイマラ　夜にはカバやサルがロッジにやってくる。

p70・71　ケニア・ナイロビ　アニャンゴ・アフリカツアー(2016年)からの1コマ。踊るお客さん。

p72　ケニア・アレゴ村　故オクム・オレンゴのクワイヤーたちと久しぶりの再会を喜ぶ。「アニャンゴ、ジャ・ウゲニャを弾いてくれ!」「アニャンゴ、次はセダだ!」

あとがき

　"Uzee ni baraka"（ウゼー・ニ・バラカ）。「老いることは祝福だよ。アニャンゴ」と、ケニアの友人がいった。
　老いたくても老いることすらできないケニア。愛する家族の老いをその目で見届けたくても見届けることすらできないケニア。
　愛する人の老いを見届ける。それがどんなに恵まれたありがたいことなのかを思い出させてくれるケニア。
　彼はいった。「問題だらけが人生の常さ。でも、そんなことでめげてはいられない。どんな問題も受け取りようによってポジティブに置き換えることができる」。
　私はこれまで、どれだけ、アレゴ村の家族やケニアの友人たちから、励まされ、元気と勇気をもらってきたことだろう。いつだって彼や彼女たちの生き様は前向きでしなやかだった。
　私がケニアからその贈り物を受け取ったように、『ニャティティの歌』が、誰かの心に小さな灯り(あか)をともすことができたらいいな、と思う。

　ニャティティの弦は全部で8本ある。上の弦から順に弾くと、シ・ラ・ソ#・ミで、ルオーの人には"Thum ni chanda"（トゥム・ニ・チャンダ）と聴こえるのだそうだ。意味は、「音楽が私を困らせる」。

下の弦から順に弾くと、ラ・シ・レ・ミで、"Thum ni kitwa"（トゥム・ニ・キットゥワ）。意味は、「この音楽は私たちの文化」になる。
　ニャティティって、本当に奥が深い。
　ニャティティを通してみる世界って、おもしろいことだらけだ。

　この本もニャティティの弦を下から数えた構成になっている。
　では改めて、ニャティティを下から順に弾くことにしよう。
　さあ、みなさんもご一緒に、ラ・シ・レ・ミ♪

Anyango

Anyango（アニャンゴ）

本名、向山恵理子　1981年東京生まれ。青山学院大学卒業。アフリカの音楽に魅了され、単身ケニア奥地の村で修業し、現地でも限られた男性だけに演奏が許されているニャティティの世界初の女性奏者となる。日本国内だけでなく、アフリカ、ヨーロッパなどでも広く演奏活動を行っている。Anyangoとはルオー語で、「午前中に生まれた女の子」という意味。日本ケニア文化親善大使として、日本全国各地の小・中学校で公演も行っている。著書に『夢をつかむ法則』（角川学芸出版）、『翼はニャティティ　舞台は地球』、『もっと、遠くへ』、『アニャンゴの新夢をつかむ法則』（学芸みらい社）、などがある。公式サイト http://anyango.com

ニャティティの歌

2018年12月12日　初版発行

著　者　Anyango（アニャンゴ）
発行者　小島直人
発行所　株式会社 学芸みらい社
　　　　〒162-0833 東京都新宿区箪笥町31 箪笥町SKビル3F
　　　　電話番号：03-5227-1266
　　　　http://www.gakugeimirai.jp/
　　　　E-mail：info@gakugeimirai.jp
印刷所・製本所　藤原印刷株式会社
ブックデザイン　吉久隆志・古川美佐（エディプレッション）

落丁・乱丁本は弊社宛お送りください。送料弊社負担でお取り替えいたします。
©Eriko Mukoyama 2018 Printed in Japan
ISBN978-4-908637-94-0 C0095

日本音楽著作権協会（出）許諾第1811423-801号

カバー写真　Emilie Moysson